BEI GRIN MACHT SICH IHR WISSEN BEZAHLT

- Wir veröffentlichen Ihre Hausarbeit,
  Bachelor- und Masterarbeit

- Ihr eigenes eBook und Buch -
  weltweit in allen wichtigen Shops

- Verdienen Sie an jedem Verkauf

Jetzt bei www.GRIN.com hochladen und kostenlos publizieren

Die Verwendung von Big Data unter Einhaltung der EU-Datenschutz-Grundverordnung

GRIN

Bibliografische Information der Deutschen Nationalbibliothek:

Die Deutsche Nationalbibliothek verzeichnet diese Publikation in der Deutschen Nationalbibliografie; detaillierte bibliografische Daten sind im Internet über http://dnb.d-nb.de abrufbar.

ISBN: 9783346769688
Dieses Buch ist auch als E-Book erhältlich.

Druck und Bindung: Books on Demand GmbH, Norderstedt Germany
Gedruckt auf säurefreiem Papier aus verantwortungsvollen Quellen

Das vorliegende Werk wurde sorgfältig erarbeitet. Dennoch übernehmen Autoren und Verlag für die Richtigkeit von Angaben, Hinweisen, Links und Ratschlägen sowie eventuelle Druckfehler keine Haftung.

Das Buch bei GRIN: https://www.grin.com/document/1303512

Seminararbeit

Die Verwendung von Big Data unter Einhaltung der
EU-Datenschutz-Grundverordnung

Inhaltsverzeichnis

Tabellenverzeichnis

Abkürzungsverzeichnis

Abs.	Absatz
Art.	Artikel
BDSG	Bundesdatenschutzgesetz
DSFA	Datenschutz-Folgeabschätzung
DSGVO	Datenschutz-Grundverordnung
DSK	Konferenz der unabhängigen Datenschutzaufsichtsbehörden des Bundes und der Länder
DSRL	Datenschutzrichtlinie
EwG	Erwägungsgrund

1. Einleitung

1.1. Problemstellung und Zielsetzung

Durch die steigende Nutzung digitaler Technologien im Alltag, der Wirtschaft und der Verwaltung werden immer mehr Datenspuren hinterlassen, welche gespeichert, verknüpft und analysiert werden können. Die daraus resultierenden großen und komplexen Datenbestände werden mit dem Begriff Big Data umschrieben (Lünich, 2022, S. 114). Das Wachstum von Analytik und Big Data unter anderem im Marketingbereich von Unternehmen ist eng mit dem Zugriff eines Unternehmens auf Transaktions- oder personenbezogene Daten auf individueller Ebene und der Rechenleistung zur Analyse dieser Daten verbunden. Big Data ermöglicht es Unternehmen, Dienstleistungen effektiver auf Kundinnen und Kunden abzustimmen. Dies ist einer der Gründe, warum viele Unternehmen Loyalitätsprogramme anbieten, die nicht nur treues Verhalten belohnen, sondern auch dazu beitragen, detaillierte Daten auf individueller Ebene zu sammeln. In dem Maße, in dem Unternehmen Treueprogramme nutzen, generieren sie mehr Daten, die diese Programme effektiver machen, was wiederum zur Ausweitung der Programme anregt, wodurch noch mehr Daten generiert werden, und so weiter. Da Belohnungen auf Basis von Transaktionsdaten berechnet werden, wird die Kundschaft motiviert, ihre Identität bei verschiedenen Einkäufen preiszugeben. Die Auswirkungen von Big Data und Analysen auf den Datenschutz werden hierdurch sehr deutlich. Unternehmen können so große Mengen nützlicher Kundendaten sammeln und eine Vollständigkeit der Daten auf Kundenebene erhöht das Risiko einer Verletzung der Privatsphäre des Kunden. Die Popularität von Treueprogrammen, die Daten von Mitgliedern sammeln, trägt nur zu diesen Bedenken bei. Es ist wichtig, dass Unternehmen diese Daten mit Bedacht verwenden, damit die Verbraucher nicht das Gefühl erhalten, dass die eigene Privatsphäre gefährdet sei. Sogar Kunden, die sich dafür entscheiden, Informationen freiwillig bereitzustellen, können Bedenken hinsichtlich des Missbrauchs der Informationen oder mangelnder Kontrolle darüber haben, wie die Informationen gesammelt und verbreitet werden. Die Europäische Union regelt zunehmend strenger, wie Unternehmen Daten über ihre Kunden sammeln und verwenden dürfen (Kopalle & Lehmann, 2021, S. 454–455).

Die Erhebung und Verarbeitung personenbezogener Daten finden, angesichts verbesserter Informationstechnik, welche den Austausch der Daten erleichtern, oftmals nicht nur im nationalen Raum statt, sondern sind in der globalen digitalen Wirtschaft ein wertvolles Wirtschaftsgut. Um die Datenschutzvorschriften innerhalb der Mitgliedstaaten der Europäischen Union zu harmonisieren und das Datenschutzniveau für die von der Verarbeitung betroffene Personen zu erhöhen, wurde die Verordnung (EU) 2016/679 des Europäischen Parlaments und des Rates vom 27. April 2016 zum Schutz natürlicher Personen bei der Verarbeitung personenbezogener Daten, zum freien Datenverkehr und zur Aufhebung der Datenschutzrichtlinie 95/46/EG verabschiedet. Diese Datenschutz-Grundverordnung, kurz DSGVO oder EU-DSGVO, trat zum 25. Mai 2018 in Kraft (Voigt & Bussche, 2018, S. 1).

Doch welche Anforderungen müssen an Big Data gestellt werden, damit die Einhaltung der EU-DSGVO gewährleistet werden kann? Ziel dieser Arbeit ist es, dieser Forschungsfrage nachzugehen. Hierfür soll die vorliegende Arbeit zunächst ein grundlegendes Verständnis für Big Data und die EU-DSGVO schaffen. Die Arbeit soll weiterhin verdeutlichen, welche Voraussetzungen zur Nutzung von Big Data erfüllt sein müssen, damit die Anforderungen der EU-DSGVO eingehalten werden.

1.2. Gang der Untersuchung

In Kapitel 2 erfolgt zunächst eine Definition der Begriffe Big Data und EU-DSGVO, um ein Grundverständnis für die Thematik zu vermitteln. Im dritten Kapitel wird eine Analyse der Anforderungen an Big Data unter Berücksichtigung der EU-DSGVO durchgeführt. Dabei wird auf die Rechenschaftspflicht sowie auf die Anforderungen an die Verarbeitung personenbezogener Daten eingegangen. Danach folgen die Anforderungen an Privacy by Design und Privacy by Default. Abschließend werden die Themen Informationspflicht, Auskunftsrecht, automatisierte Einzelfallentscheidung und Profiling sowie Datenschutz-Folgeabschätzung behandelt. Ein Fazit, welches die Ergebnisse zusammenfasst und ein Ausblick auf weiterführende Themen, runden die Arbeit ab.

2. Methodik

Die Erarbeitung dieser Seminararbeit erfolgte rein literaturbasiert. Dies impliziert, dass das Literaturverzeichnis dieser Arbeit das Ergebnis einer gezielten Suche ist. Für die Literaturrecherche wurden zunächst Suchbegriffe festgelegt, welche der Suche nach Literatur in wissenschaftlichen Datenbanken dienen (Döring & Bortz, 2016, S. 158). Eine Übersetzung der einzelnen Suchbegriffe in die englische Sprache wurde nicht vorgenommen, da eine Übersetzung einzelner Begriffe wie Big Data nicht möglich war. Anstelle einer Übersetzung wurden die Suchwörter zu Teilen mit Hilfe der logischen Verknüpfung AND verknüpft, um Literatur herauszufiltern, in welchen der eine und der andere Suchbegriff enthalten sind (Ritschl et al., 2016, S. 295). Tab. 1 zeigt die in dieser Seminar-arbeit verwendeten Suchbegriffe bei der Literaturrecherche über die Online-Bibliothek, die eBook-Plattform Hanser eLibrary, der IEEE Xplore Digital Library, dem Online-Informationsdienst Springer-Link sowie die Datenbank WISOnet. Dabei wurde die Suche jeweils über die erweiterte Suche auf den Zeitraum von 2005 bis 2023 eingegrenzt.

Tab. 1 Liste der verwendeten Suchbegriffe

Suchbegriffe	
Big Data	EU-DSGVO
DSGVO	EU-Datenschutz-Grundverordnung
Big Data AND DSGVO	Big Data AND EU-DSGVO
Big Data AND DSGVO AND Anforderung	Big Data AND EU Data Protection
Big Data AND Datenschutz-Grundverordnung	Big Data AND Datenschutz

Quelle: Eigene Darstellung.

Die Quellen wurden bereits bei der ersten Sichtung nach Inhalten für eine Definition von Big Data, der EU-DSGVO sowie Anforderungen an Big Data unter Einhaltung der EU-DSGVO untersucht. Die Erfassung der Literatur in dem Literaturverwaltungsprogramm Citavi ermöglichte es, Dubletten zu erkennen und diese auszusortieren, sodass aus der Literaturrecherche eine Liste mit 87 Quellen resultierte. Während der Bearbeitung der folgenden Kapitel wurde von der Verwendung einiger Quellen aufgrund einer ähnlichen Sinnhaftigkeit der Inhalte abgesehen. Die Bearbeitung dieser Seminararbeit erfolgte somit anhand von acht Zeitschriftenaufsätzen, zehn Sammelwerken, zwei Internetdokumenten und 13 Monografien.

3. Begriffsbestimmung

3.1. Definition Big Data

Der Begriff Big Data bezieht sich im Allgemeinen auf große Datensätze, die von Unternehmen und Behörden gesammelt werden und so umfangreich und komplex sind, dass herkömmliche Datenverarbeitungsmethoden nicht ausreichen, um die Berechnungen zu bewältigen, die für eine sinnvolle Nutzung der Daten erforderlich sind. Diese Datensätze sind aufgrund der riesigen Menge an Informationen, die in ihren Datenstrukturen verborgen sind, äußerst wertvoll. Wenn sie rechnerisch analysiert werden, können Big Data genauere Einblicke in verborgene Muster, Trends und Zusammenhänge aufdecken, insbesondere solche, die sich auf die menschliche Entscheidungsfindung beziehen (Grable & Lyons, 2018, S. 17). Drei Technologietrends tragen dazu bei, dass Big Data weiter angetrieben wird. Dazu gehört die zunehmende elektronische Abwicklung von Geschäftsprozessen, die eigenständige Erzeugung von Daten durch Individuen und die fortschreitende Digitalisierung (Rüping, 2015, S. 796). Die Sammlung, Speicherung und Analyse großer Datenbestände dient dabei der Gewinnung neuer Erkenntnisse, dem Treffen fundierter Entscheidungen und der Erlangung von Wettbewerbsvorteilen, indem beispielsweise Geschäftsprozesse optimiert oder neuartige Geschäftsmodelle geschaffen werden (Schmelzer & Sesselmann, 2020, S. 679–680).

Big Data verdeutlicht die Wichtigkeit von Informationen oder Daten für die Digitalisierung und wird hauptsächlich durch vier Aspekte charakterisiert (Klingenberg & Weber, 2020, S. 238). Big Data bedeutet die Fähigkeit, Muster in großen Datenmengen (Volume), die in verschiedenen Formaten vorliegen (Variety), schnell (Velocity) zu erkennen und die Daten gewinnbringend (Value) zu verarbeiten und zu nutzen (Richter, 2016, S. 581). Von Big Data ist in diesem Zusammenhang nur zu sprechen, wenn mindestens eines der Kriterien erfüllt wird (Schön, 2022, S. 418). Das Volumen der Entstehung und Verwertung digitaler Daten umfasst die Größenordnung der Datenbestände, welche sich aus der Speicherung und Analyse von Daten, aber auch aus der menschlichen Vorstellungskraft entziehen (Lünich, 2022, S. 26). Treiber des Datenwachstums sind neben der zunehmenden Internetnutzung und Nutzungsintensität von sozialen Netzwerken auch die sich weiterentwickelnde Digitalisierung der Produktion, Energieversorgung und Dienstleistungen. Dies führt dazu, dass im Jahr 2025 schätzungsweise 175 Zettabytes an weltweit zur Verfügung stehenden elektronischen Daten vorhanden sein werden. Dies entspricht 175 Milliarden Terabytes (Krebs & Hagenweiler, 2022, S. 43). Velocity beschreibt die Geschwindigkeit, mit welcher Daten erzeugt und verarbeitet werden und auch die Geschwindigkeit, mit welcher das Datenvolumen zunimmt (Lehner, 2021, S. 217). Meier (2018, S. 6) bezeichnet mit Velocity zudem die Notwendigkeit, dass eine Auswertung und Analyse der Datenströme in Echtzeit erfolgen kann. Vielfalt (Variety) beschreibt die Verschiedenartigkeit der Struktur von digitalen Daten und erfordert daher eine breite Sammlung von Daten, um Erkenntnisse aus unterschiedlichen Lebensbereichen zu gewinnen (Bauer et al., 2018, S. 131; Lünich, 2022, S. 30). Die Daten können dabei strukturiert, unstrukturiert oder halbstrukturiert und multimedial sein. Veracity beschreibt die Richtigkeit, Vollständigkeit und Verlässlichkeit der

Datenmenge. Damit bezieht Big Data auch Daten mit ein, welche in unterschiedlichen Qualitäten vorliegen. Mit speziellen Algorithmen kann diese Datenqualität bewertet werden (Meier, 2018, S. 6– 7). Daher hängt Veracity mit der Datenqualität zusammen, da die Qualität und Gültigkeit analytischer Ergebnisse von der Qualität des Datensatzes abhängen (Lehner, 2021, S. 217). Die fortlaufende Entstehung, Speicherung, Zusammenführung und Auswertung digitaler Daten verursachen Kosten aufgrund von notwendigen Speichermedien, Prozessoren und Stromverbrauch. Diesen Kosten muss jedoch ein erwarteter Nutzen (Value) gegenüberstehen, ansonsten ist eine Sinnhaftigkeit der Speicherung digitaler Daten nicht gegeben (Lünich, 2022, S. 37). Nach Freiknecht und Papp (2018, S. 14) wird von Value häufiger gesprochen als von Veracity, da die Sinnhaftigkeit von Big Data erst gegeben ist, wenn Machine-Learning-Applikationen Daten verknüpfen und daher Zusammenhänge zwischen einzelnen Daten erkennen können.

Die Einsatzgebiete von Big Data sind weitreichend und umfassen Marketing, Vertrieb, Handel, Produktion, Beschaffung, Logistik, Unternehmensbereiche wie das Controlling, Personalwesen oder die IT und auch andere Branche wie Banken, Gesundheitswesen und die Politik (Schön, 2022, S. 414–417). Es kann zudem zur Effizienzsteigerung in der Industrie, in der simulationsbasierten Forschung und zur Verbesserung der medizinischen Prognose eingesetzt werden (Richter, 2016, S. 581).

3.2. Definition EU-DSGVO

Aufgrund der technischen Entwicklungen in den letzten 20 Jahren haben sich die Anforderungen an den Datenschutz seit der Einführung der alten EU-Datenschutzrichtlinie 95/46/EG aus dem Jahr 1995 verändert (Bundesverband Digitale Wirtschaft (BVDW) e.V., 2017, S. 8–9). Im Jahr 1995 trat die Datenschutzrichtlinie 95/46/EG (DSRL) im Sekundärrecht der Europäischen Union in Kraft. Im Zuge der DSRL wurde innerhalb der EU ein einheitliches Schutzniveau erreicht (Hornung & Herfurth, 2018, S. 155). Die EU-DSGVO ersetzt die DSRL und reformiert dadurch das europäische Daten- schutzrecht (Desoi, 2018, S. 152). Im Vergleich zu der Richtlinie von 1995, bei der die EU-Staaten die Rechtsgrundsätze unterschiedlich in ihr nationales Recht übernehmen konnten, ist die EU- DSGVO einheitlich und für allen Mitgliedsstaaten verbindlich (Bundesverband Digitale Wirtschaft (BVDW) e.V., 2017, S. 9).

Die EU-DSGVO enthält nach Art. 1 Abs. 1 DSGVO Vorschriften zum Schutz natürlicher Personen bei der Verarbeitung personenbezogener Daten und zum freien Datenverkehr. Das Europäische Parlament und der Rat der Europäischen Union verfolgen mit der Verordnung zwei Zielsetzungen. Zum einen sollen die aktuellen europäischen Richtlinien harmonisiert und an die technologischen Entwicklungen angepasst werden und zum anderen sollen die personenbezogenen Daten von natürlichen Personen bei der Verarbeitung geschützt und die freie Übermittlung dieser geschützten Daten sichergestellt werden. Zweck dieser Verordnung ist es somit, die Rechte und Freiheiten natürlicher Personen bei der Datenverarbeitung in allen Mitgliedstaaten gleichermaßen zu schützen (Bundesverband Digitale Wirtschaft (BVDW) e.V., 2017, S. 9).

Nationale Gesetze wie das Bundesdatenschutzgesetz (BDSG) gelten trotz EU-DSGVO weiterhin, müssen jedoch mit jener vereinbar sein (Brenner et al., 2020, S. 8). Das BDSG gilt für alle öffentlichen Stellen des Bundes und alle nicht-öffentlichen Stellen, welches durch Landesdaten-schutzgesetze und bereichsspezifische Regelungen ergänzt wurde (Hornung & Herfurth, 2018, S. 155).

Personenbezogene Daten werden nach Art. 4 Nr. 1 DSGVO als Informationen bezüglich einer identifizierbaren oder identifizierten natürlichen Person definiert, wobei Personen identifizierbar sind, wenn eine Zuordnung mittels Standortdaten, einer Onlinekennung oder sonstigen einem oder mehreren besonderen Merkmalen möglich ist. Zu den personenbezogenen Daten gehören Name, Telefonnummer, E-Mail-Adresse oder IP-Adresse. Darüber hinaus sind Informationen über nationale Herkunft, politische, religiöse oder weltanschauliche Überzeugungen, Gewerkschaftszugehörigkeit, Gesundheit und Sexualleben besonders geschützt (Knorre et al., 2020, S. 30).

Regelungen in Hinblick auf Big Data sind in der EU-DSGVO nicht vertreten, da die Verordnung technologieneutral gehalten wurde, um den Schutz personenbezogener Daten nicht von der im Ein-zelfall genutzten Technik abhängig zu machen (Hornung & Herfurth, 2018, S. 157).

4.   Anforderungen an Big Data unter der EU-DSGVO

4.1.   Rechenschaftspflicht

Art. 5 Abs. 2 DSGVO sieht vor, dass die verantwortende Person die Einhaltung der EU-DSGVO sicherstellen und in der Lage sein muss, diese Einhaltung gegenüber den Aufsichtsbehörden nach-zuweisen. Komplexe Big-Data-Anwendungen, die oft mit Daten aus unterschiedlichen Quellen und Unternehmen arbeiten, erschweren die Feststellung, wer für die Einhaltung der Datenschutzanfor-derungen und Anfragen im Bereich Datenschutz verantwortlich ist. Ein Beispiel ist die Beauftragung eines auf Big-Data-Dienste spezialisierten Unternehmens zur Datenanalyse. In diesem Szenario liegt die Verantwortung bei den auftraggebenden Unternehmen, da es den Zweck und die Art und Weise der Verarbeitung bestimmt und das beauftragte Unternehmen lediglich als Auftragsverarbei-ter fungiert. Daher sollte sich die Wahl eines Big-Data-Dienstes an den Datenschutzstandards des Anbietenden orientieren. Aufgrund unterschiedlicher Rahmenbedingungen können allerdings keine allgemeingültigen Aussagen zur datenschutzrechtlichen Rollenverteilung getroffen werden und sind daher immer im Einzelfall zu klären (Voigt & Bussche, 2018, S. 313).

4.2.   Verarbeitung personenbezogener Daten

Big-Data-Technologien basieren auf der Verarbeitung großer Datenmengen und stellen Unterneh-men vor Herausforderungen hinsichtlich der Einhaltung der Verarbeitungsgrundsätze nach Art. 5 DSGVO, insbesondere der Grundsätze der Transparenz, der Zweckbindung und der Datenmini-mierung. Da Verstöße gegen diese Grundsätze Sanktionen nach sich ziehen können, sollten Unter-nehmen bei der Umsetzung der Verarbeitungsgrundsätze sorgfältig vorgehen (Voigt & Bussche, 2018, S. 314).

Art. 5 Abs. 1 a) DSGVO besagt, dass personenbezogene Daten rechtmäßig, nach Treu und Glauben und für die betroffene Person transparent verarbeitet werden müssen. Transparenz wird dadurch gewährleistet, dass dem Betroffenen erkenntlich wird, von wem, in welchem Umfang und aus welchem Grund die Daten erhoben und verarbeitet werden (Hornung & Herfurth, 2018, S. 158–159). In der Zukunftswelt der allgegenwärtigen Datenverarbeitung und Big Data stößt das Transparenzprinzip nach Art. 5 Abs. 1 a) DSGVO an seine subjektiven Grenzen. Allein die zu erwartende Zunahme von Datenverarbeitungsaktivitäten in allen Lebensbereichen übersteigt die notwendige Aufmerksamkeit, um Transparenz wirksam machen zu können (Roßnagel, 2018, S. 369).

Nach Art. 5 Abs. 1 b) DSGVO unterliegt die Datenverarbeitung einer Zweckbindung, wonach eine Verarbeitung personenbezogener Daten lediglich zu festgelegten, eindeutigen oder legitimen Zwecken rechtskonform ist. Risiken für die Grundsätze der Zweckbindung ergeben sich aus der meist zwecklosen und zufälligen Datenerhebung in Big-Data-Praktiken und der kombinierten Nutzung verschiedener Datensätze. Besonders diese kombinierten Datensätze sowie die Anwendung des maschinellen Lernens ermöglichen es, detaillierte Rückschlüsse auf sensible Eigenschaften, Umstände oder Situationen von Personen aus bisher als harmlos geltenden und öffentlich verfügbaren Daten zu ziehen. Dies wird auch durch die Möglichkeiten einer De-Anonymisierung und Re-Identifizierung von Personen aus nicht personenbezogenen oder anonymen Daten verstärkt. In dieser Hinsicht ist das von der EU-DSGVO gebotene Schutzniveau unklar, da sie den für die Datenverarbeitung Verantwortlichen im Vergleich zum BDSG mehr Spielraum für eine weite Auslegung dessen lässt, was einen ähnlichen Zweck darstellt, für den die Verwendung von Daten rechtmäßig ist (Orwat & Schankin, 2018, S. 7).

Datenanalysen ohne zuvor definierte Ziele, zu welchen Big Data oftmals genutzt werden, werden als explorative Datenanalysen bezeichnet. Sind bei derartigen Analysen personenbezogene Daten enthalten, entsprechen diese nicht der Zweckbindung gemäß Art. 5 Abs. 1 b) DSGVO, da kein ausgewiesener und kommunizierter Zweck verfolgt wird und daher ist eine Verarbeitung personenbezogener Daten unzulässig. Trotz unzulässiger explorativer Datenanalysen können mehrere Zwecke gleichzeitig mit der Verarbeitung personenbezogener Daten verfolgt werden, weshalb die verantwortende Person nicht nur bereits bekannte Ziele benennen muss, sondern auch jene, die bereits absehbar sind und in naher Zukunft verfolgt werden könnten. Eine Verarbeitung personenbezogener Daten kann allerdings für bestimmte Big-Data-Verfahren durch die Privilegierung für wissenschaftliche Forschungszwecke und statistische Zwecke, durch Einwilligung, Rechtsvorschrift oder einer positiven Kompatibilitätsprüfung gemäß EU-DSGVO rechtskonform sein (Hornung & Herfurth, 2018, S. 167–169). Werden Big-Data-Analysen zu Forschungszwecken eingesetzt, sind daher Sonderregelungen zu beachten (Hornung & Herfurth, 2018, S. 162). Hierzu gehört nach Art. 5 Abs. 1 b) DSGVO die Weiterverarbeitung personenbezogener Daten zu wissenschaftlichen Zwecken sowie nach Art. 5 Abs. 1 e) DSGVO eine verlängerte Speicherzeit. Inwiefern wissenschaftliche Zwecke definiert sind, geht aus der EU-DSGVO nicht konkret hervor, wenngleich gemäß EwG 159 DSGVO eine weite Auslegung der Verarbeitung nahegelegt wird. Auch für statistische Zwecke gibt es rechtlich festgelegte Privilegien. Wichtig ist eine Abgrenzung des Begriffs der statistischen Zwecke. Nach EwG 162 DSGVO bezieht sich der Begriff auf alle Verfahren zur Erhebung und Verarbeitung personenbezogener Daten, die zur Durchführung statistischer Studien und zur Erstellung statistischer Ergebnisse erforderlich sind. Für statistische Zwecke sind die Ergebnisse der Verarbeitung aggregierte Daten und keine personenbezogenen Daten und diese Ergebnisse oder personenbezogenen Daten werden nicht für Maßnahmen oder Entscheidungen in Bezug auf einzelne natürliche Personen verwendet. Um den Schutz der Rechte und Freiheiten betroffener Personen zu gewähren, müssen nach Art. 89 Abs. 1 DSGVO Maßnahmen wie die Pseudonymisierung oder bei der Verarbeitung anonymer Daten die Anonymisierung umgesetzt werden. Dadurch kann im Allgemeinen festgehalten werden, dass die Zweckbindung gemäß Art. 5 Abs. 1 b) DSGVO bestimmte Analysen von Big Data für neue Zwecke zulässt, ohne den Schutz personenbezogener Daten zu vernachlässigen (Hornung & Herfurth, 2018, S. 169).

Zusätzlich ist nach Art. 5 Abs. 1 c) DSGVO die Datenverarbeitung unter der Bezeichnung „Datenminimierung" auf das Nötigste zu reduzieren, um die transparent vereinbarten Zwecke zu erreichen und nach Art. 5. Abs. 1 e) DSGVO eine Speicherbegrenzung zu berücksichtigen, sodass die Daten nur für die Dauer der Zweckerreichung gespeichert werden und nur in diesem Zeitraum eine Identifizierung einer Person ermöglichen. Hornung und Herfurth (2018, S. 160) betonen, dass auch hierbei anschließend die Daten gelöscht oder anonymisiert werden müssen.

Big-Data-Verfahren unterliegen zusammenfassend der EU-DSGVO bei der Verarbeitung personenbezogener Daten nach Art. 4 Nr. 1 DSGVO, weshalb die Anonymisierung oder Pseudonymisierung dieser Daten empfohlen wird, um den Bezug zu einer identifizierten oder identifizierbaren Person aufzulösen (Hornung & Herfurth, 2018, S. 163). Die Anonymisierung und Pseudonymisierung personenbezogener Daten werden im folgenden Kapitel betrachtet.

4.3. Privacy by Design und Privacy by Default

Besonders relevant für Big-Data-Anwendungen ist auch die Einführung des Prinzips Privacy by Design und by Default nach Art. 25 DSGVO. Von der Planungsphase bis zur Umsetzung von Big-Data-Anwendungen sollten technische und organisatorische Maßnahmen getroffen werden, um Datenschutz durch Technik und datenschutzfreundliche Voreinstellungen sicherzustellen (Schütze et al., 2018, S. 267).

Art. 25 Abs. 1 DSGVO schreibt Datenschutz durch Technikgestaltung vor, wenngleich dieser von dem Stand der Technik, den Implementierungskosten und den verbundenen Risiken für persönliche Rechte abhängig ist. Datenschutz durch Technikgestaltung ist gleichbedeutend mit Privacy by Design. Demnach soll bereits bei der Entwicklung von neuen Techniken zur Datenverarbeitung darauf geachtet werden, dass Maßnahmen zum Datenschutz, wie Techniken zur Anonymisierung, Pseudonymisierung und Begrenzung der Datenverarbeitung auf ein Minimum gehalten werden (Kipker, 2015, S. 410).

Der Begriff Anonymisierung wird im Gegensatz zu der Pseudonymisierung nicht in der EU-DSGVO definiert. Gemäß EwG 26 DSGVO werden pseudonymisierte Daten wie personenbezogene Daten behandelt, sofern eine Zuordnung zu einer personenbezogenen natürlichen Person nicht ausgeschlossen ist. Die EU-DSGVO gilt jedoch nicht für anonymisierte Daten. Bei anonymisierten Daten handelt es sich somit um Daten, die keinen Bezug zu einer nach Art. 4 Nr. 1 DSGVO identifizierten oder identifizierbaren Person haben oder es handelt sich um personenbezogene Daten, bei welchen aufgrund einer durchgeführten Anonymisierung im Sinne einer Randomisierung oder Verallgemeinerung kein Personenbezug mehr besteht. Zudem müssen alle Mittel zur Feststellung der Identifizierbarkeit einer Person berücksichtigt werden, welche je nach der verfügbaren Technologie, Kosten und Zeitaufwand einer Identifizierung sowie weiteren objektiven Faktoren variieren. Dies gestaltet sich bei Big-Data-Anwendungen aufgrund der großen, komplexen und dynamischen Datenbestände und der notwendigen leistungsstarken Technologie als besonders schwierig. Das Ziel, welches Big-Data-Anwendungen mit einer großen Datenbasis verfolgen, ist es neue und meist auch zum Zeitpunkt einer Analyse noch unbekannte Informationen zu erhalten, wenngleich diese umfangreichen Erkenntnisse aufgrund der immer größer werdenden Datenbestände und der Verknüpfung dieser die Identifizierbarkeit bestimmter Personen erleichtert (Hornung & Herfurth, 2018, S. 164). Diese Gründe lassen Hornung und Herfurth (2018, S. 165) vermuten, dass anonyme Daten im Umfeld von Big Data nicht realisierbar sind. Dies ist besonders in Bezug auf die Velocity zu betrachten, da hierbei die Daten schnell analysiert und in kurzer Zeit viele neue Daten erfasst und ebenfalls gespeichert werden, wodurch beispielsweise bei der Verknüpfung anonymer Daten mit jenen neuen Daten eine Person identifizierbar machen. Aufgrund der bei jedem Informationszufluss notwendigen Prüfung, ob eine Identifizierbarkeit bestimmter Personen möglich ist, ist bei Big-Data-Anwendungen generell von einem Personenbezug auszugehen und entsprechende datenschutzrechtliche Vorschriften einzuhalten (Hornung & Herfurth, 2018, S. 166).

Bei der Anonymisierung wird zudem davon ausgegangen, dass es unterschiedliche Stufen der Re-Identifizierung gibt. Durch die Anwendung der absoluten Methode gelten nur Daten nicht mehr als personenbezogene Daten, die unwiederbringlich anonymisiert und aus denen der ursprüngliche Rohdatensatz gelöscht wurde. Hinsichtlich der Verschlüsselung definiert die EU-DSGVO nicht die Begriffe "verschlüsselte Daten" oder "verschlüsselt", sondern bezieht sich in einigen Klauseln auf die Verschlüsselung als Maßnahme zur Risikominderung. Die Verschlüsselung wird in Art. 6 Abs. 4 e) DSGVO als eine der "geeigneten Garantien" aufgeführt und als geeignete technische und organisatorische Maßnahme bezeichnet, um die Sicherheit der Verarbeitung zu gewährleisten. Daher ist zu prüfen, ob es sich bei den verschlüsselten Daten um anonyme oder Pseudodaten handelt. Wenn personenbezogene Daten verschlüsselt werden, bleiben die Daten für Inhabende oder autorisierte Nutzende des Entschlüsselungsschlüssels immer personenbezogen. Verschlüsselte Daten können jedoch sogar als personenbezogen angesehen werden, wenn es Mittel gibt, die vernünftigerweise von anderen zur Entschlüsselung verwendet werden können. Wenn die Verschlüsselung verhindert, dass eine unbefugte Person Zugang zu den Daten erlangt, beziehen sich die betreffenden Daten nicht mehr auf eine bestimmte oder bestimmbare Person. Daher ist zu prüfen, welche Stufe der Verschlüsselung ausreicht, damit verschlüsselte personenbezogene Daten als anonym betrachtet werden können. Die Bewertung eines solchen Verschlüsselungsverfahrens sollte objektive Faktoren berücksichtigen. Dazu gehören das Sicherheitsniveau der verschlüsselten Daten und die Verhinderung der Entschlüsselung, wie die Stärke der verwendeten Verschlüsselungsalgorithmen, die Länge der Verschlüsselungsschlüssel und die Sicherheit der Schlüsselverwaltung (Dutkiewicz et al., 2022, S. 327). Big Data zeichnet sich durch das Zusammenwirken unterschiedlicher Datenquellen aus, unter denen öffentlich zugängliche Datensätze besonders zu berücksichtigen sind. Mögliche Kombinationen von Merkmalen aus verschiedenen Quellen sollten daher ebenfalls in die Risikobewertung einer möglichen Re-Identifizierung einbezogen werden. Das schnelle Wachstum der Rechenleistung, die Verbesserung der Analysetools sowie die wachsende Menge, Heterogenität, Komplexität und Dynamik von Datenbeständen können die Anonymisierung erschweren und müssen ebenfalls berücksichtigt werden (Schütze et al., 2018, S. 253).

Eine Pseudonymisierung bedeutet nach Art. 4 Nr. 5 DSGVO, personenbezogene Daten in einer Weise zu verarbeiten, sodass eine Zuordnung der personenbezogenen Daten zu einer bestimmten betroffenen Person ohne Hinzuziehung zusätzlicher Informationen nicht möglich ist, solange diese zusätzlichen Informationen gesondert gespeichert werden und technischen sowie organisatorischen Maßnahmen unterliegen, die verhindern, dass personenbezogene Daten einer identifizierten oder identifizierbaren natürlichen Person zugeordnet werden können. Die Datenpseudonymisierung ist damit eine technische Maßnahme, um Unbefugten die Identifizierung der betroffenen Person zu erschweren, Berechtigten im Bedarfsfall aber dennoch zu ermöglichen (Krebs & Hagenweiler, 2022, S. 72).

Bei einer Pseudonymisierung stellt eine Re-Identifizierung ein höheres Risikopotenzial dar als bei der Anonymisierung von Daten, weshalb hierbei die EU-Datenschutz-Grundverordnung anzuwenden ist. Dies ist darin begründet, dass hierbei Informationen durch bestimmte, verschlüsselte Angaben, sogenannte Pseudonyme, ersetzt werden (Voigt & Bussche, 2018, S. 18). Marnau (2016, S. 431) betont zudem, dass in der EU-DSGVO keine Angaben zur Qualität der Pseudonymisierung gemacht werden. Dadurch wird Unternehmen ein Spielraum gewährt, sich für eine Art der Pseudonymisierung zu entscheiden, welche für die Identifizierung von Personen am einfachsten rückgängig gemacht werden kann. Dennoch eignet sich eine Pseudonymisierung nach EwG 28 DSGVO dazu, das Prinzip Privacy by Design umzusetzen und somit das Risiko natürlicher Personen bei der Verarbeitung personenbezogener Daten und zum freien Datenverkehr zu senken.

Art. 25 DSGVO beinhaltet neben dem Prinzip Privacy by Design auch Vorschriften zu dem Prinzip Privacy by Default. Art. 25 Abs. 2 DSGVO beschreibt mit der Bezeichnung Privacy by Default datenschutzfreundliche Voreinstellungen (Desoi, 2018, S. 157). Darunter wird die Anforderung verstanden, dass gleichzeitig mit der ersten Nutzung eines IT-Systems die voreingestellten Einstellungen benutzerfreundliche Datenschutzbestimmungen erfüllen und nicht erst zu einem

Zeitpunkt, zu welchen die nutzende Person diese Einstellung selbst vornimmt oder verändert (Kipker, 2015, S. 410). Dadurch soll es Unternehmen unterbunden werden, möglichst viele personenbezogene Daten zu verarbeiten und standardmäßig lediglich notwendige personenbezogene Daten zur Zweckerreichung erhoben werden (Voigt & Bussche, 2018, S. 82).

4.4. Informationspflicht und Auskunftsrecht

Das Volumen der Big-Data-Anwendungen zugrunde liegenden Datenbestände und die Veränderung dieser durch immer komplexer werdende Algorithmen sind für betroffene Personen nicht nachvollziehbar (Hornung & Herfurth, 2018, S. 170). Um Transparenz gemäß EwG 58 DSGVO zu gewährleisten, haben betroffene Personen das Recht, über die Erhebung und Verarbeitung ihrer personenbezogenen Daten informiert zu werden, wenngleich Umfang und Zeitpunkt der Information davon abhängig sind, ob die personenbezogenen Daten gemäß Art. 13 DSGVO direkt bei der betroffenen Person oder nach Art. 14 DSGVO aus einer anderen Quelle erhoben wurden. Zum Zeitpunkt der Erhebung müssen gemäß Art. 13 Abs. 1 DSGVO den betroffenen Personen Name und Kontaktdaten der verantwortlichen Person, der Zweck der Verarbeitung sowie unter Umständen Kontaktdaten des Datenschutzbeauftragten, die Empfänger der Daten oder auch die Absicht einer Datenübermittlung an ein Drittland mitgeteilt werden. Diese Informationen müssen den betroffenen Personen gemäß Art. 14 Abs. 1 DSGVO auch bei einer Datenerhebung aus anderen Quellen mitgeteilt werden.

Des Weiteren steht betroffenen Personen nach Art. 15 DSGVO das Recht auf Auskunft zu, ob und welche personenbezogenen Daten Verantwortlichen vorliegen. Das Auskunftsrecht ermöglicht betroffenen Personen, wie in EwG 63 DSGVO niedergeschrieben, eine Rechtmäßigkeitskontrolle bei der Verarbeitung ihrer personenbezogenen Daten und erhöht die Fairness und Transparenz der Datenverarbeitung. Verantwortliche müssen betroffenen Personen gemäß Art. 15. Abs. 1 DSGVO neben dem Verarbeitungszweck, die Kategorien personenbezogener Daten, das Bestehen eines Rechts auf Berichtigung oder Löschung nach Art. 16 und 17 DSGVO sowie, falls die Daten über andere Quellen erhoben wurden, über alle Informationen der Datenherkunft Auskunft gewähren.

Allerdings kann der Grundsatz der Transparenz bestimmten Geheimhaltungsinteressen bei komplexen Algorithmen, welche bei Big-Data-Analysen eingesetzt werden, entgegenstehen. Während die betroffenen Personen eine Überprüfung der Rechtmäßigkeit der Datenverarbeitung bereitgestellt haben möchten, liegt das Hauptanliegen der Verantwortlichen in dem Schutz des Algorithmus vor Manipulation durch Betroffene oder Nachahmung durch Wettbewerber. Ein Lösungsansatz dieses Konfliktpotenzials sind Geheimhaltungsvereinbarungen oder auch Prüfungen durch unabhängige Dritte wie beispielsweise Datenschutzaufsichtsbehörden (Hornung & Herfurth, 2018, S. 170–171).

4.5.   Automatisierte Einzelfallentscheidung und Profiling

Namentlich wird der Begriff Big Data in der EU-DSGVO nicht direkt aufgeführt oder beschrieben. Dennoch macht das grundsätzliche Verbot automatisierter Einzelfallentscheidungen einschließlich Profiling in Art. 22 DSGVO deutlich, dass dem Potenzial von Big Data zum Zeitpunkt der Verabschiedung der Verordnung wenig bis kein Glauben geschenkt wurde (Kunkel & Schoewe, 2021, S. 15). Der Begriff Profiling bezeichnet nach Art. 4 Nr. 4 DSGVO alle automatisierten Verarbeitungen von personenbezogenen Daten, welche genutzt werden, um unter anderem die Arbeitsleistung, die Wirtschaftslage, persönliche Vorlieben und Verhalten von Personen zu analysieren oder vorherzusagen.

Eine Möglichkeit mit gesammelten Daten zu arbeiten, ist es, eine Entscheidung auf Grundlage des erstellten Profils zu treffen. Art. 22 DSGVO regelt dabei die automatisierte Entscheidungsfindung im Einzelfall einschließlich Profiling. Nach EwG 71 DSGVO liegt eine automatisierte Entscheidung vor, wenn diese ohne jegliches menschliche Eingreifen erfolgt. Grundsätzlich ist eine solche automatisierte Entscheidung nach Art. 22 Abs. 1 DSGVO unzulässig, wenn sie eine rechtliche Wirkung entfaltet oder den Betroffenen in ähnlicher Weise erheblich beeinträchtigt. Unter Berücksichtigung der Voraussetzungen des Art. 22 Abs. 3 DSGVO, zu welchen ein Recht auf Erwirkung des Eingreifens einer Person seitens des Verantwortlichen, auf Darlegung des eigenen Standpunkts und auf Anfechtung der Entscheidung gehört sowie einer Einwilligung der betroffenen Person gemäß Art. 22 Abs. 2 c) DSGVO wird eine automatisierte Einzelentscheidung nach Art. 22 Abs. 1 DSGVO ermöglicht.

Wird bei Big-Data-Analysen auf automatisierte Entscheidungsfindungen abgezielt, beeinflusst Art. 22 DSGVO diese (Kunkel & Schoewe, 2021, S. 15). Ist jedoch eine menschliche Intervention vorgesehen, die das Verbot des Art. 22 Abs. 1 DSGVO überwindet oder eines der Ausnahmetatbestände anwendet, so ist der Verantwortliche dennoch verpflichtet, den Informationspflichten gemäß Art. 14 Abs. 2 g) DSGVO nachzukommen und die Betroffenen über die involvierte Logik sowie die Tragweite und die angestrebten Auswirkungen einer derartigen Verarbeitung zu informieren. Die Erfüllung der Informationspflichten hängt jedoch von der Interpretierbarkeit der Big-Data-Analyse ab und davon, inwiefern die Analyse dem Betroffenen verständlich erklärt werden kann. Informationspflichten erfordern die Offenlegung von Herkunft, Art und Eigenschaften der verwendeten Datenpunkte, was bei Big-Data-Prozessen oft nicht realisierbar ist (Kunkel & Schoewe, 2021, S. 16–17).

Die Lösung für Unternehmen ist daher eine vollständige Anonymisierung der Daten. Um die Anforderungen des Art. 22 DSGVO zu umgehen, bleibt jedoch die letzte Frage ungeklärt, ob eine Anonymisierung zum Zeitpunkt der Datenerhebung oder unmittelbar vor dem Profiling-Prozess erfolgen soll. Die Zustimmung zum Profiling muss klar und transparent sein, welche Daten zu welchem Zweck erhoben werden, und von den Beteiligten eindeutig bestätigt werden (Beckmann, 2022, S. 54–55).

4.6.   Datenschutz-Folgeabschätzung

Um die EU-DSGVO-Anforderungen in einem Big-Data-Umfeld zu erfüllen, müssen Unternehmen verschiedene Governance-Instrumente einsetzen und sicherstellen, dass diese Instrumente zusammenwirken. Da die EU-DSGVO darauf abzielt, die Daten betroffener Personen zu schützen, ist es unerlässlich, Akteure zur Überwachung des Datenschutzes einzusetzen. Die EU-DSGVO empfiehlt zudem Maßnahmen wie Datenschutzaudits, Verhaltenskodizes und Datenschutz-Folgenabschätzungen (Gonçalves, 2022, S. 55).

Eine Datenschutz-Folgeabschätzung (DSFA) zielt nach EwG 90 DSGVO darauf ab, die Risiken für die Rechte und Freiheiten des Einzelnen, die sich aus der Verarbeitung personenbezogener Daten ergeben, besser zu kontrollieren, indem sie die Verarbeitung erläutert, ihre Notwendigkeit und Verhältnismäßigkeit bewertet und geeignete Risikobewertungen und Maßnahmen identifiziert. Gemäß Art. 35 Abs. 1 DSGVO ist eine DSFA immer dann durchzuführen, wenn die Form der Verarbeitung, insbesondere durch den Einsatz neuer Technologien, aufgrund ihrer Art, ihres Umfangs, ihrer Situation und ihres Zwecks ein hohes Risiko für die Verletzung der Rechte und Freiheiten natürlicher Personen bergen kann.

Die zuständige Aufsichtsbehörde stellt gemäß Art. 35 Abs. 4 DSGVO eine Liste der Verarbeitungsvorgänge bereit, für welche eine DSFA durchzuführen ist. Da sich in Deutschland die zuständigen Aufsichtsbehörden je nach Bundesland unterscheiden, wurde während der Konferenz der unabhängigen Datenschutzaufsichtsbehörden des Bundes und der Länder (DSK) im Jahr 2018 eine einheitliche Blacklist für den nicht-öffentlichen Bereich erstellt. Die Liste der DSK benennt unter dem zehnten Punkt, dass typische Einsatzfelder wie Big-Data-Analysen von Kundendaten, welche mit Angaben aus Drittquellen angereichert wurden, im Sinne einer Zusammenführung personenbezogener Daten aus unterschiedlichen Quellen die Durchführung einer DSFA notwendig machen (Der Bundesbeauftragte für den Datenschutz und die Informationsfreiheit, 2018). Somit ist dies eine weitere Anforderung an Big Data unter Einhaltung der EU-DSGVO.

5. Schlussbetrachtung

5.1. Fazit

Zu Beginn der Arbeit wurde die Frage formuliert, welche Anforderungen an Big Data gestellt werden müssen, damit die Einhaltung der EU-DSGVO gewährleistet werden kann. Hierfür wurde zunächst die verwendete Methodik der Literaturrecherche erläutert. Die der Arbeit zugrunde liegende Literaturrecherche ist jedoch auch kritisch zu betrachten, da eine weitergehende Sammlung und Analyse der Literatur gegebenenfalls weitere Anforderungen offenlegen würde. Dennoch genügte die Literatur, um den zur Verfügung stehenden Umfang der Seminararbeit sinnvoll zu nutzen.

Die Voraussetzungen zur Nutzung von Big Data, die erfüllt sein müssen, damit die Anforderungen der EU-DSGVO eingehalten werden, wurden innerhalb des vierten Kapitels genannt. Wie in Kapitel 4.1. dargestellt, ist es im Big-Data-Umfeld komplex, die verantwortende Person zu benennen und daher die Rechenschaftspflicht zu erfüllen (Voigt & Bussche, 2018, S. 313). Die EU-DSGVO enthält im Bereich Big Data für wissenschaftliche, historische und statistische Zwecke einige Ausnahmen wie eine erleichterte Zweckbindung nach Art. 5 Abs. 1 b) DSGVO und eine Verlängerung der zulässigen Speicherzeit gemäß Art. 5 Abs. 1 e) DSGVO. Werden personenbezogene Daten zu anderen Zwecken im Bereich Big Data verarbeitet, sind die Grundsätze zu beachten, ansonsten ist die Anwendung von Big Data rechtswidrig. Dies ist besonders bei explorativen Datenanalysen zu berücksichtigen, da in diesem Fall die Analysezwecke nicht im Vorfeld abgeschätzt werden können (Hornung, 2018, S. 89). Im Zeitalter von Big Data ist eine klarere Unterscheidung zwischen identifizierten und identifizierbaren personenbezogenen Daten erforderlich, um ein angemessenes Schutzniveau zu realisieren und den potenziellen Wert der Daten auszuschöpfen. Die Anonymisierung wird in der Literatur als das leistungsstärkste Anonymitätsinstrument und der beste Schutz, der Datenschutzbedenken bei der Verwendung von Big Data in der Forschung ausräumen kann, indem sie von der Anwendung der EU-DSGVO ausgenommen wird, jedoch oftmals aufgrund eines Verlusts des Datenwerts nicht angewendet wird. Techniken, welche traditionell zum Schutz der Privatsphäre in der Forschung verwendet werden, wie die Verschlüsselung, fallen unter die Definition der Pseudonymisierung und bleiben im Anwendungsbereich der EU-DSGVO (Meszaros, 2018). Weitere Anforderungen sind die Erfüllung der Informationspflicht und des Auskunftsrechts, das Verbot automatisierter Einzelfallentscheidungen und der damit einhergehenden Notwendigkeit der Einwilligung der Betroffenen oder der Anonymisierung der Daten. Des Weiteren ist eine DSFA für Big-Data-Analysen vorgeschrieben, um die Anforderungen der EU-DSGVO einzuhalten.

Wenn die Datenbasis, auf der die Big-Data-Analyse durchgeführt wird, rechtmäßig verarbeitet wird und die Analyse keine automatisierte Einzelentscheidung oder andere Beeinträchtigungen für die Betroffenen zur Folge haben, ist es möglich, Big-Data-Analysen im Rahmen der EU-DSGVO durchzuführen. Datenschutz ist ein Wettbewerbsfaktor, der erhebliche Chancen für datengetriebene Geschäftsmodelle bietet, und steht daher den hohen Bußgeldern bei Datenschutzverstößen gegenüber (Westerkamp, 2020, S. 255).

5.2. Ausblick

Der Verzicht auf die Erhebung bestimmter Daten widerspricht den Grundsätzen von Big Data. Daher sollten Gesetze und Vorschriften für die Nutzung von Wissen entwickelt werden, das durch Big-Data-Anwendungen generiert wird. Dazu gehört vor allem Transparenz über Datenqualität und Datenherkunft, Algorithmen und deren Entscheidungsverhalten, um rechtliche Anforderungen definieren zu können. Diese Anforderungen sollten sich jedoch nicht allein auf den Datenschutz konzentrieren, sondern neben dem Verbraucherschutz auch das Diskriminierungsverbot umfassen (Hornung & Herfurth, 2018, S. 174).

Während das Datenschutzrecht im Big-Data-Bereich allgemein Anwendung findet, können bestimmte Änderungen den Schutz personenbezogener Daten dennoch verbessern. Zu personenbezogenen Daten sollten auch jene gezählt werden, welche zum Zeitpunkt der Verarbeitung anonymisiert sind, allerdings deanonymisierbar sind oder nach der Verarbeitung deanonymisiert werden. Zudem sind auch Daten, die bei der Zuordnung einer Person zu einer Personengruppe im Rahmen einer Big-Data-Analyse entstehen, als personenbezogene Daten einzustufen, die eine gegenwärtige oder potenzielle negative Auswirkung auf die dieser Gruppe zugeordneten Personen haben (Hoff-mann-Riem, 2018, S. 55–56). Mamau (2016, S. 431) betont hierbei auch, dass die EU-DSGVO zwei Punkte offenlässt. Zum einen, welche Qualität der Pseudonymisierung für einen ausreichenden Datenschutz notwendig ist und ob personenbezogene Daten, die verschlüsselt wurden, auch nach der Übermittlung an einen Drittanbietenden weiterhin als personenbezogenen Daten gelten, obwohl dieser keinen Schlüssel zur Identifikation besitzt.

Nur durch innovative Big-Data-Geschäftsmodelle wird es in Zukunft möglich sein, betroffenen Personen gesetzlich geförderte, technisch machbare, effektive und transparente Datenschutzmaß-nahmen zur Verfügung zu stellen (Hornung & Herfurth, 2018, S. 174–175). Diese müssen allerdings noch entwickelt und erforscht werden.

All diese Punkte können in weiteren Forschungsvorhaben und -ansätzen untersucht werden, um den Schutz natürlicher Personen bei der Verarbeitung personenbezogener Daten und zum freien Datenverkehr innerhalb der EU auch im Zeitalter von Big Data zu optimieren und zu gewährleisten.

Literaturverzeichnis

Bauer, T. K., Breidenbach, P. & Schaffner, S. (2018). Big Data in der wirtschaftswissenschaftlichen Forschung. In C. König, J. Schröder & E. Wiegand (Hrsg.), *Schriftenreihe der ASI - Arbeitsgemeinschaft Sozialwissenschaftlicher Institute. Big Data: Chancen, Risiken, Entwicklungstendenzen* (S. 129–148). Springer VS. https://doi.org/10.1007/978-3-658-20083-1

Beckmann, M. (2022). So vermeiden Sie die größten Datenfallen. *INTERNET WORLD Business*(9), S. 54–55.

Brenner, M., Felde, N., Hommel, W., Metzger, S., Reiser, H. & Schaaf, T. (2020). *Praxisbuch ISO/IEC 27001: Management der Informationssicherheit und Vorbereitung auf die Zertifizierung* (3., überarbeitete und erweiterte Aufl.). Hanser.

Der Bundesbeauftragte für den Datenschutz und die Informationsfreiheit (Hrsg.). (2018). *Datenschutz-Folgenabschätzungen und Listen von Verarbeitungsvorgängen.* https://www.bfdi.bund.de/DE/Fachthemen/Inhalte/Technik/Datenschutz-Folgenabschaetzungen.html

Bundesverband Digitale Wirtschaft (BVDW) e.V. (Hrsg.). (2017). *EU-Datenschutzgrundverordnung 2018: BVDW-Praxisleitfaden.* https://www.bvdw.org/der-bvdw/news/detail/artikel/leseprobe-eu-datenschutzgrundverordnung-2018-bvdw-praxisleitfaden/?

Desoi, B. U. (2018). *Big Data und allgemein zugängliche Daten im Krisenmanagement: Exemplarische technische und normative Gestaltung von Analysen zur Entscheidungsunterstützung. DuD-Fachbeiträge.* Springer Vieweg. https://doi.org/10.1007/978-3-658-21292-6

Döring, N. & Bortz, J. (2016). Forschungsstand und theoretischer Hintergrund. In N. Döring & J. Bortz (Hrsg.), *Forschungsmethoden und Evaluation in den Sozial- und Humanwissenschaften* (5. Aufl., S. 157–179). Springer. https://doi.org/10.1007/978-3-642-41089-5

Dutkiewicz, L., Miadzvetskaya, Y., Ofe, H., Barnett, A., Helminger, L., Lindstaedt, S. & Trügler, A. (2022). Privacy-Preserving Techniques for Trustworthy Data Sharing: Opportunities and Challenges for Future Research. In E. Curry, S. Scerri & T. Tuikka (Hrsg.), *Data Spaces: Design, Deployment and Future Directions* (S. 319-335). Springer. https://doi.org/10.1007/978-3-030-98636-0

Freiknecht, J. & Papp, S. (2018). *Big Data in der Praxis: Lösungen mit Hadoop, Spark, HBase und Hive. Daten speichern, aufbereiten, visualisieren* (2., erweiterte Aufl.). Hanser.

Gonçalves, M. E. (2022). *The EU data protection reform and the challenges of big data: Tensions in the relations between technology and the law.*

Grable, J. E. & Lyons, A. C. (2018). An Introduction to Big Data. *Journal of Financial Service Professionals, 72*(5), S. 17-20.

Hoffmann-Riem, W. (2018). Rechtliche Rahmenbedingungen für und regulative Herausforderungen durch Big Data. In W. Hoffmann-Riem (Hrsg.), *Materialien zur rechtswissenschaftlichen Medien- und Informationsforschung: Bd. 77. Big Data - Regulative Herausforderungen* (S. 11–78). Nomos. https://doi.org/10.5771/9783845290393-1

Hornung, G. (2018). Erosion traditioneller Prinzipien des Datenschutzrechts durch Big Data. In W. Hoffmann-Riem (Hrsg.), *Materialien zur rechtswissenschaftlichen Medien- und Informationsforschung: Bd. 77. Big Data - Regulative Herausforderungen* (S. 81–98). Nomos. https://doi.org/10.5771/9783845290393-1

Hornung, G. & Herfurth, C. (2018). Datenschutz bei Big Data: Rechtliche und politische Implikationen. In C. König, J. Schröder & E. Wiegand (Hrsg.), *Schriftenreihe der ASI - Arbeitsgemeinschaft Sozialwissenschaftlicher Institute. Big Data: Chancen, Risiken, Entwicklungstendenzen* (S. 149–183). Springer VS. https://doi.org/10.1007/978-3-658-20083-1

Kipker, D.-K. (2015). Privacy by Default und Privacy by Design. *Datenschutz und Datensicherheit - DuD, 39*(6), S. 410.

Klingenberg, C. & Weber, K. (2020). Daten- und Informationsmanagement. In E. Tiemeyer (Hrsg.), *Handbuch IT-Management: Konzepte, Methoden, Lösungen und Arbeitshilfen für die Praxis* (7. Aufl., S. 225-280). Hanser.

Knorre, S., Müller-Peters, H. & Wagner, F. (2020). *Die Big-Data-Debatte: Chancen und Risiken der digital vernetzten Gesellschaft.* Springer Gabler. https://doi.org/10.1007/978-3-658-27258-6

Kopalle, P. K. & Lehmann, D. R. (2021). Big Data, Marketing Analytics, and Public Policy: Implications for Health Care. *Journal of Public Policy & Marketing, 40*(4), S. 453–456. https://doi.org/10.1177/0743915621999031

Krebs, H.-A. & Hagenweiler, P. (2022). *Datenanonymisierung im Kontext von Künstlicher Intelligenz und Big Data: Grundlagen - Elementare Techniken - Anwendung.* Springer Vieweg. https://doi.org/10.1007/978-3-658-37588-1

Kunkel, C. & Schoewe, J. (2021). Zur Zulässigkeit automatisierter Entscheidungen im Einzelfall einschließlich Profiling im Sinne des Art. 22 DSGVO – Praxisrelevanz und Wirksamkeit der Norm in Zeiten von Big Data und KI. In T. Barton & C. Müller (Hrsg.), *Angewandte Wirtschaftsinformatik. Künstliche Intelligenz in der Anwendung: Rechtliche Aspekte, Anwendungspotenziale und Einsatzszenarien* (S. 9–24). Springer Vieweg. https://doi.org/10.1007/978-3-658-30936-7

Lehner, F. (2021). *Wissensmanagement: Grundlagen, Methoden und technische Unterstützung* (7., überarbeitete und erweiterte Aufl.). Hanser.

Lünich, M. (2022). *Der Glaube an Big Data: Eine Analyse gesellschaftlicher Überzeugungen von Erkenntnisund Nutzengewinnen aus digitalen Daten.* Springer VS. https://doi.org/10.1007/978-3-658-36368-0

Marnau, N. (2016). Anonymisierung, Pseudonymisierung und Transparenz für Big Data: Technische Herausforderungen und Regelungen in der Datenschutz-Grundverordnung. *Datenschutz und Datensicherheit - DuD, 40*(7), S. 428-433.

Meier, A. (2018). *Werkzeuge der digitalen Wirtschaft: Big Data, NoSQL & Co.: Eine Einführung in relationale und nicht-relationale Datenbanken. essentials.* Springer Vieweg. https://doi.org/10.1007/978-3-658-20337-5

Meszaros, J. (2018). The Conflict Between Privacy and Scientific Research in the GDPR. *2018 Pacific Neighborhood Consortium Annual Conference and Joint Meetings (PNC).*

Orwat, C. & Schankin, A. (2018). *Attitudes towards big data practices and the institutional framework of privacy and data protection - A population survey (KIT Scientific Reports; 7753).* KIT Scientific Publishing. https://doi.org/10.5445/KSP/1000086677

Richter, P. (2016). Big Data, Statistik und die Datenschutz-Grundverordnung. *Datenschutz und Datensicherheit - DuD, 40*(9), S. 581-586. https://doi.org/10.1007/s11623-016-0662-2

Ritschl, V., Stamm, T. & Unterhumer, G. (2016). Wissenschaft praktisch – evidenzbasierte Praxis. In V. Ritschl, R. Weigl & T. Stamm (Hrsg.), *Wissenschaftliches Arbeiten und Schreiben* (S. 291–306). Springer. https://doi.org/10.1007/978-3-662-49908-5

Roßnagel, A. (2018). Notwendige Schritte zu einem modernen Datenschutzrecht. In A. Roßnagel, M. Friedewald & M. Hansen (Hrsg.), *DuD-Fachbeiträge. Die Fortentwicklung des Datenschutzes: Zwischen Systemgestaltung und Selbstregulierung* (S. 361–384). Springer Vieweg. https://doi.org/10.1007/978-3-658-23727-1

Rüping, S. (2015). Big Data in Medizin und Gesundheitswesen. *Bundesgesundheitsblatt – Gesundheitsforschung – Gesundheitsschutz, 58*(8), S. 794–798. https://doi.org/10.1007/s00103-015-2181-y

Schmelzer, H. J. & Sesselmann, W. (2020). *Geschäftsprozessmanagement in der Praxis: Kunden zufrieden stellen - Produktivität steigern - Wert erhöhen* (9., vollständig überarbeitete Aufl.). Hanser.

Schön, D. (2022). *Planung und Reporting im BI-gestützten Controlling: Grundlagen, Business Intelligence, Mobile BI, Big-Data-Analytics und KI.* Springer Gabler. https://doi.org/10.1007/978-3-658-35475-6

Schütze, B., Hänold, S. & Forgó, N. (2018). Big Data – Eine informationsrechtliche Annäherung. In B. Kolany-Raiser, R. Heil, C. Orwat & T. Hoeren (Hrsg.), *Big Data und Gesellschaft: Eine multidisziplinäre Annäherung* (S. 233-308). Springer VS. https://doi.org/10.1007/978-3-658-21665-8

Voigt, P. & Bussche, A. von dem. (2018). *EU-Datenschutz-Grundverordnung (DSGVO): Praktiker-handbuch*. Springer. https://doi.org/10.1007/978-3-662-56187-4

Westerkamp, C. (2020). Datenschutz gemäß DSGVO im datengetriebenen Marketing – ein Über-blick. In S. Boßow-Thies, C. Hofmann-Stölting & H. Jochims (Hrsg.), *Data-driven Marketing: Insights aus Wissenschaft und Praxis* (S. 237–256). Springer Gabler. https://doi.org/10.1007/978-3-658-29995-8